DE RORTHAYS

SEIGNEURS DE LA DURBELLIÈRE, DE LA ROCHETTE, DE LA SAVARIÈRE , DE LA SÉNAIGERIE, DU GIRON-D'OR, DE SAINT-HILAIRE, DE LA POUPELINIÈRE, DE SAINT-RÉVÉREND, DES TOUCHES ; SEIGNEURS DE MARMANDE ET DE MONBAIL , QUALIFIÉS COMTES DE MARMANDE ET MARQUIS DE MONBAIL.

ANJOU, POITOU, BRETAGNE ET LORRAINE.

Armes : d'argent, à trois fleurs de lys de gueules, posées deux et une, à la bordure de sable, besantée d'or.

Selon une tradition de famille, rapportée par les auteurs du *Dictionnaire des Familles de l'ancien Poitou*, ces armes auraient été concédées par Louis IX, après la bataille de la Massoure, à un Rorthays, qui aurait arraché l'étendard de France des mains des Sarrazins.

La famille de RORTHAYS n'a cessé, depuis le XIII⁰ siècle, de tenir un rang distingué parmi la noblesse des provinces de l'ouest. Elle s'est fait remarquer dans la cléricature et surtout dans la carrière des armes. Sa généalogie a été dressée par M. de Kerhellen au XVIII⁰ siècle, par MM. Beauchet-Filleau et de Chergé, dans le *Dictionnaire des Familles du Poitou*, et par M. de Chavreuse dans l'*Armorial de France*. Nous avons mis à contribution les travaux de nos devanciers avec beaucoup d'autres documents manuscrits, provenant en partie de l'ancien cabinet d'Hozier.

I. — GUILLAUME DE RORTHAYS, I⁰ʳ du nom, qualifié varlet, seigneur de la Durbellière, vivait vers 1250 avec Marguerite, dame de la Trappe, sa femme, dont il eut entre autres enfants :

1° Guillaume, qui suit ;
2° Pierre, varlet, marié à Jeanne de Meulles ; il recevait en 1276 une donation d'héritage de Morice, seigneur de la Forêt, chevalier ;
3° Aimery, valet ;

4º Jean, varlet, chevalier de *Saint-Ladre de Jherusalem*, comme on le voit par une donation qu'il fait à cet ordre, en 1294, le mercredi après la Saint-Nicolas d'hiver ;

5º et 6º Catherine et Luce qui ratifient, en 1291, le douaire que Guillaume et Pierre, leurs frères, avaient constitué à Marguerite de la Trappe, leur mère ;

7º Germond, dont la succession était partagée, le 4 avril 1357, avec celles de Pierre d'Aimery, ses frères, et de Luce, leur sœur.

II. — Guillaume de Rorthays, IIe du nom, varlet, seigneur de la Durbellière, marié à Marguerite de Meulles, probablement sœur de Jeanne de Meulles, femme de Pierre de Rorthays. Il fait une transaction, le 20 août 1291, avec les religieux de la Trinité de Mauléon. On le retrouve faisant divers actes et transactions les 4 mai 1295, 17 mai 1299, novembre 1324 et mars 1333. Il eut pour enfants :

1º Aymery, qui suit ;

2º Jean, varlet ;

3º Guillaume, chevalier, seigneur de la Durbellière, marié à Jeanne de Cerqueux. Il eut un fils, Guillaume, mort sans postérité ;

4º Germond.

III. — AIMERY DE RORTHAYS, chevalier, seigneur de la Durbellière et de la Trappe, épousa Jeanne de Senioux avec laquelle il exerça, en 1350, un retrait conventionnel.

De ce mariage :

1º Germond, qui suit ;

Et l'on croit 2º Geoffroy, abbé de la Sainte-Trinité de Mauléon, en 1357.

IV. — GERMOND (ou Germain) DE RORTHAYS, chevalier, seigneur de la Durbellière, donne une reconnaissance, le 26 novembre 1391, à Jeanne de Terves, au sujet d'une rente de neuf setiers de seigle. Marié, en 1364, à Louise Bonnet de la Chapelle-Bertrand, il en eut :

1º Guillaume, dont l'article suit ;

2º Maurice, vivant en 1419, ainsi que le prouve un aveu qu'on lui rend à cette date, au nom de Thébaut, son neveu, seigneur de la Durbellière ;

3º Louise, mariée à Guillaume de la Forêt, écuyer.

V. — GUILLAUME DE RORTHAYS, IIIe du nom, écuyer, seigneur de la Durbellière, fait un partage, au nom de ses enfants, avec Jeanne de Bellay, le 9 janvier 1407, et reçoit en 1409 un aveu comme seigneur de la

Durbellière. Il avait épousé Jeanne de Parpacé, fille de Guillaume, écuyer, seigneur de Parpacé, de laquelle il eut :

1° Thébaut, qui suit ;
2° Catherine.

VI. — THÉBAUT DE RORTHAYS, chevalier, seigneur de la Durbellière et de la Trappe, épousa, en 1420, Louise de la Haye-Montbault, fille de Pierre de la Haye, chevalier, seigneur de Montbault, et de Marguerite Carrion. Ses enfants furent :

1° Jean, ci-après ;
2° Pierre, mort sans postérité.

VII. — JEAN DE RORTHAYS, Ier du nom, écuyer, seigneur de la Durbellière et de la Trappe, homme d'armes, en 1467, dans la compagnie du seigneur de Soubise. Il avait épousé, en 1457, Marie Chenin, fille de Guillaume Chenin, chevalier, et de Marie de Liniers.

De ce mariage :

1° René, qui suit ;
2° Jacques, auteur de la branche des seigneurs de la Rochette ;
3° Gilles, qui transige avec Jacques, son frère, le 25 juin 1493 ;
4° Hélène, femme, en 1480, d'Arthur Le Roux, écuyer ;
5° Louise, mariée, en 1478, à Charles de Voyer, seigneur d'Aizenay et de la Maulière, dont elle était veuve en 1501.

VIII. — RENÉ DE RORTHAYS, écuyer, seigneur de la Durbellière, de la Trappe et du Fief-Frappier, reçoit, le 17 juin 1488, des lods et ventes ; rend, le 23 mai 1499, aveu d'une partie de la Durbellière au seigneur de Lavau-Grollière, et teste le 16 septembre 1510, nommant pour exécuteurs testamentaires Jean et Thébaud, ses fils. Il avait été marié, par contrat du 14 juin 1475, à Catherine de Maillé-Brezé, fille de Gilles de Maillé, chevalier, seigneur de Brezé, grand maître de la vénerie de René, duc d'Anjou, et de Jeanne Aménard.

De cette union naquirent :

1° Jean, qui suit ;
2° Thébaud, curé de la Coudre ;
3° Luce, mariée à Thomas de Vallée, écuyer, seigneur de Seriziers.

IX. — JEAN DE RORTHAYS, IIe du nom, écuyer, seigneur de la Durbellière, homme d'armes en 1491, rendait hommage au vicomte de Thouars, le 7 mars 1513. Il fut marié deux fois : 1° en 1500 à Jeanne Belin; 2° le 3 janvier 1515 à Jeanne Bonnet, veuve de Louis de Melun, seigneur du Buignon et de Courtery. Il eut du premier lit :

    1° Jean, ci-après;
    2° Catherine, qui épousa, le 3 juillet 1524, Léon de Melun, écuyer, seigneur du Buignon et de Courtery, fils de Louis de Melun et de Jeanne Bonnet.

X. — JEAN DE RORTHAYS, IIIe du nom, écuyer, seigneur de la Durbellière et de la Mothe, marié à Louise de Melun, fille de Louis de Melun, chevalier, et de Jeanne Bonnet, le même jour que son père épousait cette dernière, le 3 janvier 1515. Il eut pour enfants :

    1° Jean, qui suit;
    2° Louise, mariée à François Lingier, écuyer.

XI. — JEAN DE RORTHAYS, IVe du nom, écuyer, seigneur de la Durbellière, épousa, le 29 octobre 1535, Antoinette d'Aubigné, fille d'Hervé d'Aubigné et de Catherine de Saint-Flaive, dame de la Touche. Son frère, René d'Aubigné, fut présent au contrat, et la dota de 200 livres de rente, sur les lieux de la Borderie et des Noues . De ce mariage vinrent :

    1° François, qui suit ;
    2° Catherine, mariée le 28 janvier 1561, à Charles Petit, écuyer, seigneur de la Saulaye ;
    3° Pierre, seigneur de la Perrinière, décédé sans enfants de Marie de la Forest, avant le 20 décembre 1600;
    4° Urbain, prieur du Puy-Notre-Dame, abbé commendataire de Beaulieu, archidiacre de Tours, conseiller du roi, aumônier de la reine-mère. Il refusa par humilité, en 1597, le siége archiépiscopal de Tours, devenu vacant par la mort de son grand-oncle, Simon de Maillé-Brezé, et voulut finir ses jours en son prieuré du Puy-Notre-Dame, où il avait donné l'exemple de toutes les vertus ;
    5° Louïse, *Aliàs* Marie, religieuse à l'abbaye du Ronceray d'Angers.

XII. — FRANÇOIS DE RORTHAYS, écuyer, seigneur de la Durbellière, de la Trappe, de la Maufrière, de Rorthays et autres lieux, décédé avant le 18 juin 1592, avait épousé, le 7 novembre 1585, Jacqueline de la Châteigneraie, fille d'Antoine de la Châteigneraie, chevalier des ordres du roi, et d'Edmée de Coët, dame de Rochecotte. Il en eut :

    1° René, décédé jeune, sans alliance;

2° Renée qui, devenue dame de la Durbellière, porta ce fief avec toutes les terres de la branche aînée à Pierre de Meulles, chevalier, baron du Fresne-Chabot, mestre-de-camp, chevalier de l'ordre du roi, qu'elle avait épousé avant 1603. Louis, leur fils, s'allia le 5 juillet 1673, avec Marie-Anne du Vergier de la Rochejaquelein. C'est ainsi que la Durbellière a passé dans la maison de la Rochejaquelein.

BRANCHE DES SEIGNEURS DE LA ROCHETTE.

VIII. — JACQUES DE RORTHAYS, écuyer, seigneur de la Mothe, de la Roche-Menuet et de la Maufrière (fils puîné de Jean Ier et de Marie Chenin, rapportés au VIIe degré de la branche de la Durbellière), épousa, le 27 juin 1497, Catherine Meschin, fille de Pierre Meschin, écuyer, seigneur de la Rochette, et de Jeanne des Châteigners, de laquelle il eut entre autres enfants :

 1° Louis, qui suit ;
 2° Françoise.

IX. — LOUIS DE RORTHAYS, écuyer, seigneur de la Rochette et autres lieux, reçut avec ses sœurs, le 6 juillet 1527, pour son partage dans la succession de Marie Chenin, leur aïeule, différents biens cédés par son cousin Jean de Rorthays, seigneur de la Durbellière. Il avait épousé, en 1518, Jeanne de Chollet, qui lui donna un fils unique, Jean, dont l'article suit :

X. — JEAN DE RORTHAYS, Ier du nom de sa branche, seigneur de la Rochette et des Touches, épousa, le 6 juillet 1538, Renée Chauvinière, fille de René Chauvinière, écuyer, seigneur de Beaupuy, et de Marie Foucher, dont :

 1° Pierre, qui suit;
 2° André, auteur de la branche des seigneurs de Monbail ;
 3° Gilles, seigneur de l'hôtel noble de la Tutère ;
 4° Renée, femme de Jacques Renaud, écuyer ;
 5° Jacquette, mariée à François Morisson, écuyer, par contrat du 20 août 1584.

XI. — PIERRE DE RORTHAYS, Ier du nom de sa branche, écuyer, seigneur de la Rochette, partagea avec André, son frère, la succession de leur père, le 22 novembre 1612. Il fut marié, le 2 juin 1578 à Renée des Villattes, fille de Jacques des Villattes, écuyer, seigneur des Maindreaux, et de Louise de la Muce. Ils eurent pour enfants :

 1° Jean, qui suit ;

2° Renée, qui épousa, le 22 juillet 1604, René du Plantys, écuyer ;

3° Jacquette. Il est probable que c'est elle qui est donnée, dans le *Dictionnaire des familles de l'ancien Poitou,* comme veuve, en 1626, de noble homme Pierre Arnaud, écuyer, seigneur de la Sauvetière.

XII. — JEAN DE RORTHAYS, II° du nom de sa branche, écuyer, seigneur de la Rochette, partagea, le 22 novembre 1612, avec André, son oncle, la succession de son aïeul paternel, et, le 11 juillet 1616, celle de Pierre et de Renée des Villattes, ses père et mère. Il épousa : 1° le 25 novembre 1612, Catherine de la Tousche, fille d'Yves de la Tousche, seigneur de la Vergne-Greffaut, et d'Anne Mauclerc ; 2° Claude de Sallo. Il eut du premier lit :

I° Yves, dont l'article suit ;

Du second lit :

2° Gabriel, auteur de la branche des seigneurs de Saint-Révérend ;

3° Marie, femme de Gabriel Aymon, écuyer, suivant contrat du 26 janvier 1641 ;

4° Louise, mariée, en 1653, à René Baudoin, chevalier, seigneur du Pairé.

XIII. — YVES DE RORTHAYS, écuyer, seigneur de la Rochette, de Beaulieu et de la Savarière, qu'on trouve fondateur et propriétaire, en 1665 et 1668, des chapellenies de Saint-Blaise et de la Roche-Baudoin, dans l'église de Saint-Pierre, paroisse de Landevieille. Il fut maintenu dans sa noblesse par Barentin, le 9 août 1667 ; et marié : 1° en 1632, à Jeanne Aymon ; 2° le 12 novembre 1637, à Philippe Le Febvre, fille de Nicolas Le Febvre, écuyer, seigneur de la Douillardière, et de Renée Bretin. Il eut du second lit :

1° Calixte, qui suit ;

2° René, écuyer, seigneur de Rorthays, qui fait un partage, en 1680, et est maintenu par M. de Maupeou, le 6 octobre 1699 ;

3° Louis-Gabriel, auteur du rameau des seigneurs de la Poupelinière.

XIV. — CALIXTE DE RORTHAYS, chevalier, seigneur de la Rochette et autres lieux, fut maintenu dans sa noblesse avec ses frères par M. de Maupeou, le 6 octobre 1699. Il avait épousé : 1° en 1662, Jeanne-Marie Macé, dame de Saint-Hilaire ; 2° en 1679, Marie Buor, fille d'Abraham Buor, chevalier, seigneur de la Jarrie, et de Madeleine Béchillon.

Du premier lit :

1° Louis-Germond, qui suit ;

2° Jean-Batiste-Calixte, auteur de la branche des seigneurs de Saint-Hilaire ;

3° 4° 5° Trois filles, deux furent religieuses à Fontevrault ; l'autre, Céleste-Madeleine, épousa, en 1713, Prosper Sapinaud, chevalier, seigneur de l'Hébergement.

Du second lit :

6° René Gilbert, écuyer, auteur du rameau des seigneurs du Plessis et de Marmande.

XV. — LOUIS-GERMOND DE RORTHAYS, chevalier, seigneur de la Rochette, servit, en 1693-1695, dans le deuxième escadron de la noblesse du Poitou, et fut maintenu dans sa noblesse le 6 octobre 1699. Il avait épousé : 1° le 29 octobre 1687, Anne-Marie Marin ; 2° Charlotte Gazeau de la Brandannière, dont une fille, religieuse à Luçon.

Du premier lit sont issus :

1°, 2°, 3° Trois filles, religieuses à Fontevrault ;
4° Yves-Calixte, qui suit ;
5° René, écuyer, auteur du rameau des seigneurs de la Babonnière et du Giron-d'Or ;
6° Louis, écuyer, seigneur de Saint-Georges, qui épousa N. de Gerviers, dont quatre fils.

XVI. — YVES-CALIXTE DE RORTHAYS, Ier du nom, chevalier, seigneur de la Rochette, épousa, en 1716, Anne-Louise Baraton, et en eut trois enfants, savoir :

1° Yves-Calixte, qui suit ;
2° Jean-Augustin, écuyer, auteur du rameau des seigneurs de la Fételière et de la Sénaigerie ;
3° Louis-René, seigneur de la Savarière, servit au ban de 1758 dans l'escadron de la Louërie, et fut marié à N. de Pinaud dont il eut : 1° Yves-Calixte ; 2° une fille.

XVII. — YVES-CALIXTE DE RORTHAYS, IIe du nom, chevalier, seigneur de la Rochette, servit au ban de 1758, dans l'escadron de la Louërie. Il avait épousé, en 1752, Marguerite-Louise Mauvisset, fille de Jean-Baptiste Mauvisset, conseiller du roi, auditeur à la Chambre des comptes de Nantes, et de Louise-Marguerite Baraton, de laquelle il eut :

1° Guillaume-Gabriel, qui suit ;
2° Marguerite-Rose, née le 25 janvier 1755, morte religieuse à Nantes ;
3° Urbain, chevalier, seigneur de la Cointardière, officier vendéen, tué en 1793 ;
4° Ambroise, auteur du rameau de la Savarière ;
5° Marguerite-Gabrielle, née le 24 avril 1758, décédée célibataire.

XVIII. — GUILLAUME-GABRIEL DE RORTHAYS, chevalier, seigneur de la Rochette, né le 25 août 1753, officier de cavalerie émigré, rentra en France en 1793, pour prendre part à la guerre de la Vendée. Il avait épousé : 1° le 12 février 1786, Jacquette-Honorée Mangeot de la Touche ;

2° Marie-Aimée de la Rochefoucauld-Bayers, fille de Jacques-Louis de la Rochefoucauld-Bayers, chevalier, seigneur de Beaulieu, et de Suzanne Poitevin du Plessis-Landry. Il eut du premier lit :

1° Guillaume-Ambroise, qui suivra ;

Du second lit :

2° Marie-Eugénie, mariée à Alexandre de Chavagnac.

XIX, — GUILLAUME-AMBROISE DE RORTHAYS DE LA ROCHETTE, chef de nom et d'armes de sa maison, né le 22 mai 1792. Admis en 1814 dans la maison militaire du roi, aux gendarmes de la garde, il accompagna Louis XVIII aux frontières de France et de Belgique; ensuite il passa en Vendée.

Au retour des Bourbons, il fut nommé chevalier de la Légion d'honneur, puis le 8 juillet 1815, lieutenant au 1er régiment de hussards, où il servit jusqu'en 1821. Il fut compromis en 1832 lors des tentatives insurrectionnelles qui eurent lieu dans la Vendée, et subit une détention préventive de quatre mois. Maire de la commune de Beaulieu, il fut aussi membre du conseil général de la Vendée de 1848 à 1852.

De Zoé Augustine de Goyon, qu'il épousa en 1827, il n'eut que deux filles :

1° Marie, mariée à Casimir de Jousbert du Landreau ;
2° Eugénie, femme d'Alfred de la Ville de Ferrolles des Dorides, décédée sans postérité.

Rameau de la Savarière.

XVIII. — AMBROISE DE RORTHAYS, chevalier, seigneur de la Savarière (3e fils d'Yves-Calixte II et de Marguerite-Louise Mauvisset, rapportés au xviie degré de la branche de la Rochette), servit d'abord à l'Ile de France de 1778 à 1785. De retour en France, il émigra au mois de septembre 1791, et entra, en 1792, dans l'une des compagnies poitevines de l'armée des princes; puis il rejoignit l'armée de Condé, et y servit dans la 5e compagnie des nobles à pied, jusqu'en 1801. Il fut nommé chevalier de Saint-Louis le 30 septembre 1815, et mourut le 2 octobre 1831.

Il avait épousé, en 1808, Marie-Henriette-Sainte de Biré, dont il eut :

1° Armand, décédé en bas âge ;
2° Henriette-Marie, née en 1808, mariée à Henri Rolland ;
3° Adèle-Marguerite, née en 1809 ;
4° Alphonse Ambroise, qui suit ;
5° Céline-Eugénie, née en 1814, alliée à Adolphe de Graslin.

XIX. — ALPHONSE-AMBROISE DE RORTHAYS DE LA SAVARIÈRE, né le 30 mars 1810, a épousé le 5 mai 1840, Louise-Athénaïs de la Martinière, dont il a

    1° Alphonsine-Adèle-Julienne, née le 23 avril 1841 ;
    2° Alfred-Georges-Ambroise, né le 17 mars 1843 ;
    3° Alice-Valentine-Marie, née le 14 mars 1860.

Rameau de la Sénaigerie.

XVII. — JEAN-AUGUSTIN DE RORTHAYS, écuyer, seigneur de la Fételière (2° fils d'Yves-Calixte I et d'Anne Baraton, rapportés au XVI° degré de la branche de la Rochette), épousa, en 1767, Sainte de Biré, dont :

    1° Thomas-Augustin, chevalier, seigneur de la Fételière et de la Sénaigerie, sous-lieutenant au régiment du Roi-Infanterie, tué en 1793 ;
    2° Sainte-Augustine, mariée, le 30 juillet 1800, à Philippe-Marie-Joseph de Biré ;
    3° Marie, morte à Nantes en prison pendant la Terreur.

Rameau du Giron-d'Or.

XVI. — RENÉ DE RORTHAYS, écuyer, seigneur de la Babonnière (fils puîné de Louis-Germond et d'Anne-Marie Marin, rapportés au XV° degré de la branche de la Rochette), épousa N. de Barangier, dont il eut :

    1°, Louis, écuyer seigneur de la Babonnière, officier dans les régiments coloniaux, à Saint-Domingue ; décédé à Brest, sans postérité ;
    2° René Léon, qui suit :

XVII. — RENÉ-LÉON DE RORTHAYS, écuyer, seigneur du Giron-d'Or et de la Babonnière, servit, en 1758, dans la 1re division de la 2e brigade de l'escadron de la Louërie. Il avait épousé Julienne-Catherine Lelardic de la Ganry, dont :

    1° Un fils mort enfant ;
    2° Louise-Julie du Giron-d'Or, qui épousa, le 13 juin 1788, Jacques-Victor Jousbert, seigneur de la Cour, chevalier ;
    3° Claire-Henriette-Eulalie, mariée à N. du Noir de Fournerat ;
    4° Rose-Aimée-Constance, qui s'unit par contrat du 30 mars 1799 à Moïso Mareschal, écuyer ;
    5° Séraphie, femme d'Alexandre Apuril ;
    6° Mélanie, alliée à Alexandre de Bourgues.

BRANCHE DES SEIGNEURS DE SAINT-HILAIRE.

XV. — JEAN-BAPTISTE-CALIXTE DE RORTHAYS, chevalier, seigneur de Saint-Hilaire (fils puîné de Calixte et de Jeanne Macé, dame de Saint-Hilaire, rapportés au XIVe degré de la branche de la Rochette), capitaine général des gardes-côtes aux Sables-d'Olonne, et marié, en 1714, à Marie-Charlotte Jamet, dont il eut Louis-Calixte, qui suit :

XVI. — LOUIS-CALIXTE DE RORTHAYS, chevalier, seigneur de Saint-Hilaire et de la Guessière, lieutenant des vaisseaux du roi, chevalier de Saint-Louis, capitaine général de la capitainerie des gardes-côtes de Soubise, en Aunis. Marié, en 1744, à Marie-Anne-Geneviève Meschin de la Rochette, fille de Jérémie Meschin, écuyer, chevalier de Saint-Louis, et d'Anne de Manay, il en eut :

1° Marie-Jean-Gilbert, qui suit ;
2° Marie-Anne-Elisabeth, mariée à Claude de Chavagnac, capitaine des vaisseaux du roi, au port de Rochefort, chevalier de Saint-Louis et membre de l'association de Cincinnatus.

XVII. — MARIE-JEAN-GILBERT DE RORTHAYS, chevalier, seigneur de Saint-Hilaire et de la Guessière, garde de la marine, puis mousquetaire de la maison du roi, en 1780, contracta alliance à Niort avec Catherine Chauvin, dont il eut :

1° Charles-Guillaume, qui suit ;
2° Jean, qui continuera la filiation après son neveu Auguste, fils de Charles-Guillaume ;
3° Marie-Madeleine-Julie, mariée : 1° en 1799, à Robert-Esprit-Antoine Bouhier de l'Ecluse, son cousin, et 2°, en 1808, à Simon-Louis-François de Pina, chevalier de Saint-Louis et de Malte, ancien officier supérieur de l'armée de Condé, maréchal de camp et inspecteur général des gardes nationales de la Charente-Inférieure.

XVIII. — CHARLES-GUILLAUME DE RORTHAYS, chevalier, seigneur de Saint-Hilaire, épousa, en 1797, N. Bignon, qui le rendit père d'Auguste : ancien capitaine d'infanterie en retraite à Longwi, où il s'est marié ; celui-ci n'a eu qu'une fille.

XVIII^a. — JEAN DE RORTHAYS DE SAINT-HILAIRE, frère puîné de Charles-Guillaume, fut garde de marine, et ensuite cadet dans un régiment de cavalerie, au moment de la révolution de 1789. Il épousa N. Linard, qui lui donna trois enfants :

1° Constant, qui suit ;
2° Théodore, décédé sans alliance ;
3° Eléonore.

XIX. — CONSTANT DE RORTHAYS DE SAINT-HILAIRE épousa Valérie-Louise-Pauline Bouhier de l'Ecluse, sa cousine germaine, veuve de Jean-Hippolyte Baillet de la Brousse, ancien garde de la porte du roi, et officier à la légion de la Dordogne. Constant de Rorthays eut deux fils :

1° Emmanuel, qui suit ;
2° Ange-Christian, ancien officier de cavalerie au service du roi de Naples, en 1861-1862.

XX. — EMMANUEL DE RORTHAYS DE SAINT-HILAIRE, membre de l'Académie pontificale des Quirites, officier de l'ordre royal de François Ier, roi des Deux-Siciles, marié, en 1859, à Inès de Girardin des Défends, fille de Victor Sénémond de Girardin des Défends, et d'Amélie d'Hillerin de Bois-Tissandeau, dont :

1° Robert-Raymond, décédé en 1863 ;
2° Béatrix, née en 1864.

Rameau de Marmande.

XV. — RÉNÉ-GILBERT DE RORTHAYS, écuyer, seigneur du Plessis et autres lieux (fils de Calixte et de Marie de Buor, sa seconde femme, rapportés au XIVe degré de la branche de la Rochette), marié, en 1728, à Nérée-Céleste de Jaudoin de la Roche. Il en eut Gilbert-Alexandre, qui suit :

XVI. — GILBERT-ALEXANDRE DE RORTHAYS, chevalier, seigneur de Marmande, qualifié de comte de Marmande, né le 29 septembre 1730, mort à Londres en 1810, fut successivement capitaine au régiment du Roi-Infanterie en 1771, lieutenant-colonel au même régiment, chevalier de Saint-Louis, brigadier des armées du roi le 5 décembre 1781, et maréchal de camp le 9 mars 1788. Emigré en 1791, il eut, à l'armée des Princes, le commandement d'une des divisions de la noblesse du Poitou-Infanterie. Il avait épousé Marie-Henriette-Ozanne du Chaffault, fille de Sylvestre-François du Chaffault, et de Renée Marin, de laquelle il eut plusieurs enfants, qui périrent tous, ainsi que leur mère, en 1793 et 1794, dans les guerres de la Vendée, ou à Nantes dans les noyades de Carrier.

Rameau de la Poupelinière.

XIV. — Louis-Gabriel de Rorthays, chevalier, seigneur des Touches (3ᵉ fils d'Yves et de Philippe Le Febvre, sa seconde femme, rapportés au xiiiᵉ degré de la branche de la Rochette), servit dans le 2ᵉ escadron au ban de 1695, et fut maintenu dans sa noblesse par M. de Maupeou, le 6 octobre 1699. Marié le 14 juillet 1688, à Marie-Anne Robert de la Frogerie, il en eut René-Gabriel, dont l'article suit :

XV. — René-Gabriel de Rorthays, chevalier, seigneur des Touches et de la Marinière, fut maintenu dans sa noblesse en 1716 par M. Quentin de Richebourg. Il épousa, en 1719, Marie-Charlotte de la Touche-Limousinière, dont il eut Louis-Augustin, qui suit :

XVI. — Louis-Augustin de Rorthays, chevalier, seigneur des Touches et de la Poupelinière, né en 1720, fut officier au régiment de Royal-Artillerie, et passa ensuite dans celui de Dauphin-Dragons. Marié, en 1747, à Marie-Marguerite Hallouin, il en eut :

1° Charles-Auguste, chevalier, seigneur de la Poupelinière, mort victime de la révolution en 1793, à l'âge de quarante ans, sans laisser de postérité;
2° N. de la Poupelinière, décédé à Nantes, en 1816;
3° et 4° Deux filles, dont nous ignorons la destinée.

BRANCHE DES SEIGNEURS DE SAINT-RÉVÉREND.

XIII. — Gabriel de Rorthays, chevalier, seigneur de la Roche-Jaudouin et de Saint-Révérend (2ᵉ fils de Jean II et de Claude de Sallo, sa seconde femme, rapportés au xiiᵉ degré de la branche de la Rochette), épousa Marguerite Bouhier de la Chevestelière, fille d'André Bouhier, écuyer, seigneur du Retail, et de Catherine du Bois. Marguerite Bouhier, était veuve en 1667, lorsqu'elle fut maintenue dans sa noblesse avec ses enfants, qui furent :

1° Jean-Gabriel, dont l'article suit ;
2° J.-Gabriel, écuyer, seigneur de la Suze ;
3° Louise.

XIV. — Jean-Gabriel de Rorthays, écuyer, seigneur de Saint-Révérend, de la Roche-Jaudouin, servit dans le 2ᵉ escadron du ban de 1695. Il avait épousé : 1° Anne-Laurence Derfelt ; 2° par contrat du

2 juillet 1678, Marie-Angélique d'Arcemalle, qui fut maintenue dans sa noblesse, avec ses enfants, par M. de Maupeou, le 6 octobre 1699. Il eut du deuxième mariage : René-Laurent, qui suit;

XV. — RENÉ-LAURENT DE RORTHAYS, chevalier, seigneur de Saint-Révérend, officier au régiment de Berry-Infanterie, épousa, en 1750, Julie-Hélène-Rosalie Cailleteau, dont il eut Josse-René, qui suit :

XVI. — JOSSE-RENÉ DE RORTHAYS, chevalier, seigneur de Saint-Révérend, né le 19 juillet 1757, fut lieutenant dans les canonniers gardes-côtes du Poitou, capitaine aux compagnies nobles de cette province, à l'armée de Condé, et nommé, en 1814, chevalier de l'ordre militaire de Saint-Louis. Marié : 1° à Londres, à N. ; 2° en Vendée, à Elisabeth Filleule, il eut du premier lit :

1° Louis, officier de l'armée royale vendéenne, décédé sans alliance, à Paris, en 1824;
2° René, mort jeune.

Et du deuxième lit :

3° Josse Laurent, qui suit;
4° Elisabeth-Marie, mariée à Hippolyte du Bois ;
5° Arsène-Rosalie, femme de François du Bois.

XVII. — JOSSE-LAURENT DE RORTHAYS DE SAINT-RÉVÉREND, se maria en 1828, à Noirmoutiers, avec Zoraïde-Marie-Sophie Morand, dont :

1° Léopold, qui suit;
2° Zoraïde-Marie;
3° Marie-Caroline.

XVIII. — LÉOPOLD DE RORTHAYS DE SAINT-RÉVÉREND, né en 1830, à Noirmoutiers, a épousé, à Nantes, Anna-Marie Rouquet de Saint-Paul Joursnal, fille de Martin-Jacob Rouquet de Saint-Paul Joursnal, ancien officier supérieur de l'armée royale de Bretagne, et de Victorine Fourmy. De ce mariage sont nés :

1° Anna-Léopoldine-Marie-Amélie, née en 1853, décédée ;
2° Anna-Léopoldine, née en 1856, décédée ;
3° Calixte-Guillaume-Yves-Marie, né à Batignolles-Paris, le 7 janvier 1857;
4° Léopoldine-Marie-Amélie, née à Nantes, le 11 juin 1859 ;
5° Léopold-Hyppolite-Marie, né à Nantes, le 5 juin 1862.

BRANCHE DES SEIGNEURS DE MONBAIL.

XI. — ANDRÉ DE RORTHAYS, écuyer, seigneur des Touches (2e fils de

Jean Ier et de Renée Chauvinière, rapportés au xe degré de la branche de la Rochette), épousa Suzanne Robert, avec laquelle ils se faisaient une donation mutuelle à la date du 20 septembre 1584. De ce mariage :

   1° Jean, qui suit ;
   2° Louis, écuyer, auteur du rameau des seigneurs des Touches, passé en Lorraine ;
   3° Esther ;
   4° Claude, mariée à Jacques Boscher, écuyer.

XII. — JEAN DE RORTHAYS, écuyer, seigneur des Touches et de Monbail, marié par contrat du 15 novembre 1605, à Catherine Despeaux, fille de François Despeaux, écuyer, seigneur de Grevilliers, et de Louise Bonnevin. Il fut père de :

   1° Louis, qui suit ;
   2° Gabriel, écuyer, seigneur de la Jaubretière.

XIII. — LOUIS DE RORTHAYS, chevalier, seigneur de Monbail, servait en 1636, dans la compagnie des cent hommes d'ordonnance, commandés par Gabriel de Châteaubriand. Il assista, en 1651, à l'assemblée de la noblesse de Poitiers, convoquée pour l'élection d'un député aux États généraux de Tours, et fut maintenu dans sa noblesse par Barentin, le 9 août 1667. Il avait épousé : 1° Jeanne de Cailhault, le 12 juillet 1644 ; 2° Renée-Louise de Bezic.

Du premier lit :

   1° Daniel, qui suit ;
   2° Louis, écuyer, seigneur de la Jaubretière, mentionné au ban de la noblesse du Poitou en 1694. Mort sans postérité.
   3° Gabriel, écuyer, seigneur de l'Isle Brun ;
   4° Charles, écuyer, seigneur en partie de la Jaubretière en 1672 ;
   5° Madeleine, mariée à Isaac de Buor, seigneur de la Davière ;
   6° Suzanne.

Du second lit :

   7° Gabriel-Louis, écuyer.

XIV. — DANIEL DE RORTHAYS, chevalier, seigneur de Monbail, officier au régiment des gardes-françaises, fut maintenu dans sa noblesse par M. de Maupeou, le 6 octobre 1699. Il avait épousé, le 22 août 1670, Céleste Aymon, maintenue noble, en 1716, avec ses enfants, qui furent :

   1° Pierre, chevalier, seigneur de Monbail, qui n'eut pas d'enafnts de Louise-Charlotte de Guinebault, sa femme ;

2° Julien, prêtre, chanoine de la cathédrale de Luçon ;
3° Autre Pierre, chevalier, seigneur de la Jaubretière, dont l'article suit ;
4° Céleste-Madeleine, veuve en 1721, de François de Sapineau, chevalier, seigneur de Bois-Huguet ;
5° Anne, femme de Charles-Marie Bodin, chevalier, seigneur de Saint-Bry ;
6° Marguerite, religieuse.

XV. — PIERRE DE RORTHAYS, chevalier, seigneur de Monbail et de la Jaubretière, capitaine au régiment d'Orléans-Infanterie, en 1702, fut marié : 1° à Marie Sochet de Compinçon ; 2° par contrat du 20 août 1722, à Marie-Henriette de Bessay, fille de René de Bessay, seigneur des Rochelles.

Du second mariage :

1° Pierre-Isaac, qui suit ;
2° Pierre-Jean, chevalier de Saint-Louis, capitaine au régiment de Piémont.

XVI. — PIERRE-ISAAC DE RORTHAYS, chevalier de Saint-Louis, seigneur de Monbail, qualifié de marquis de Monbail, capitaine au régiment de Piémont-Infanterie. Il avait épousé, le 16 février 1754, Louise-Charlotte de Guinebault, veuve de Pierre de Rorthays et fille de Charles de Guinebault, chevalier de Saint-Louis, seigneur de Millières, et de Marie Gazeau de la Brandannière. De cette union : Pierre-Daniel, qui suit :

XVII. — PIERRE-DANIEL DE RORTHAYS, chevalier de Saint-Louis, marquis de Monbail, capitaine au régiment du Roi-Infanterie, fut marié : 1° à Blanche-Rose des Clos de la Fonchais ; 2° à Victoire-Marie-Jeanne de Mahé, fille de Pierre-François, comte de Mahé, seigneur de Launay, et de Marie-Françoise de Ravenel. Ce dernier contrat de mariage, signé par Louis XVI, Marie-Antoinette et la famille royale, porte la qualification de marquis de Monbail.

Du premier lit, le marquis de Monbail eut Victor, qui suit ;
De la seconde alliance, il ne naquit qu'une fille, qui épousa N. de Chabans.

XVIII. — VICTOR DE RORTHAYS, marquis de Montbail, assista au second mariage de son père, et épousa Félicité de Chasteigner, fille de Daniel de Chasteigner et de Marie-Thérèse de Beurré de Beauvais. De ce mariage sont issus :

1° Daniel-Emilien, auteur d'un ouvrage intitulé : *Notes et croquis sur la Vendée*. Marié en 1844 à Zoé d'Anglars, il est mort sans enfants, le 30 mai 1847.
2° Daniel-Armand, qui continue la filiation après son frère ;
3° Angèle, femme d'Alexandre-Gustave Fleury de la Caillère, ex-garde du corps du roi, décédée le 9 août 1852 ;

4° Rose-Clotilde, mariée à Eugène Le Gris de Kergavarec, décédée le 18 juillet 1862 ;
5° Marie-Adélaïde, alliée à Gaston de Chabans ;
6° Blanche, religieuse aux Dames Ursulines de Chavagnes ;
7° et 8° Césarine et Victorine, mortes célibataires.

XIX. — DANIEL-ARMAND DE RORTHAYS, marquis de Monbail, né à Fontenay-le-Comte, le 6 mars 1825. Marié le 6 mai 1856, à Valentine de Castel, il a de cette union :

1° Daniel-Emilien, né à Nantes, le 6 août 1858 ;
2° Louise-Anne-Marie, née à Nantes, le 12 avril 1862.

Rameau des Touches, passé en Lorraine.

XII. — LOUIS DE RORTHAYS, chevalier, seigneur des Touches (2ᵉ fils d'André et de Suzanne Robert, rapportés au XIᵉ degré de la branche de Monbail), passa en Lorraine vers le commencement du règne de Louis XIII. De son mariage avec Marie de Couhé, naquit Charles, qui suit :

XIII. — CHARLES DE RORTHAYS, Iᵉʳ du nom, chevalier, seigneur des Touches, capitaine appointé de la compagnie des deux cents chevau-légers de la maison militaire de Louis XIV. Il épousa, le 8 septembre 1653, Catherine de la Martraye, fille de François de la Martraye, chevalier, et de Renée Venel, laquelle le rendit père de Charles dont l'article suit :

XIV. — CHARLES DE RORTHAYS, IIᵉ du nom, chevalier, seigneur des Touches, brigadier de la compagnie des deux cents chevau-légers de la garde du roi, fut marié le 24 mars 1674, à Jeanne L'Espingal, fille d'Auguste L'Espingal, écuyer, seigneur de Bertoncourt, et de Jeanne d'Aumale.

De ce mariage naquit à Metz, le 3 août 1675, une fille unique, Marguerite-Charlotte de Rorthays, admise aux dames de Saint-Cyr, sur les preuves faites par Charles d'Hozier, dans le mois de février 1687. Elle épousa, le 13 juin 1700, Jean de Ferré de Peyroux, écuyer, capitaine au régiment de la Reine-Dragons, fils de Jean de Ferré, capitaine au régiment de Lorraine-Cavalerie, et de Marie de la Faye,